中小学海洋文化教育系列丛书

山东省大中小学海洋文化教育研究指导中心推荐用

曲金良 王海涛 ◎ 总主编

# 齐鲁海韵

Qilu Haiyun

王海涛 刘洪涛 ◎ 主编

小学版
上

中国海洋大学出版社
·青岛·

**图书在版编目（CIP）数据**

齐鲁海韵：小学版·上 / 王海涛，刘洪涛主编 . —青岛：
中国海洋大学出版社，2021.12
ISBN 978-7-5670-2788-6

Ⅰ.①齐… Ⅱ.①王… ②刘… Ⅲ.①海洋学—小学—教学
参考资料 Ⅳ . ① G623.453

中国版本图书馆 CIP 数据核字（2021）第 057811 号

| | | | | |
|---|---|---|---|---|
| **出版发行** | 中国海洋大学出版社 | | | |
| **社　　址** | 青岛市香港东路 23 号 | | **邮政编码** | 266071 |
| **出 版 人** | 杨立敏 | | | |
| **网　　址** | http：//pub.ouc.edu.cn | | | |
| **电子信箱** | zhanghua@ouc-press.com | | | |
| **订购电话** | 0532-82032573（传真） | | | |
| **责任编辑** | 张　华 | | **电　　话** | 0532-85902342 |
| **印　　制** | 青岛中苑金融安全印刷有限公司 | | | |
| **版　　次** | 2022 年 1 月第 1 版 | | | |
| **印　　次** | 2022 年 1 月第 1 次印刷 | | | |
| **成品尺寸** | 185 mm × 260 mm | | | |
| **印　　张** | 7.5 | | | |
| **字　　数** | 90 千 | | | |
| **印　　数** | 1~5000 | | | |
| **定　　价** | 29.80 元 | | | |

发现印装质量问题，请致电 0532-85662115，由印刷厂负责调换。

# 齐鲁海韵

## 总主编

曲金良　王海涛

## 顾 问

刘宗寅

## 编 委 会

主　任　张　静

副主任　杨立敏　陈　篑　李夕聪

委　员（按姓氏笔画为序）

刘文菁　刘向力　刘洪涛　纪丽真　李　丽

李学伦　李建筑　宋　慧　季　托　徐永成

## 总 策 划

李夕聪

## 执 行 策 划

纪丽真　张　华　滕俊平　王积庆　邓志科

小学版（上）

本册主编　王海涛　刘洪涛

副 主 编　姜　峰

参编人员　毕素文　曲　岩　刘国萍　周芸芸

　　　　　王　哲　姜倩倩　曹　妍　李　晓

# 目 录

大海什么样 / 001

海滨好迷人 / 009

瞧，那船儿 / 023

感受鱼趣 / 033

结识虾"兵"与蟹"将" / 047

走进海贝大世界 / 059

游览海兽王国 / 069

与海鸟同乐 / 081

感恩大海 / 093

我做护海小使者 / 101

# 大海什么样

## 浪花朵朵

# 哪吒闹海

传说大将军李靖在陈塘关做总兵时，夫人生下一个肉蛋。李靖认为不祥，就拿宝剑劈开，没想到却蹦出一个白白胖胖的俊俏男娃。一位名叫太乙真人的道长前来贺喜，为男孩取名"哪吒"，收为徒弟，又赠他两件宝物：乾坤圈和浑天绫。

哪吒自幼习武，功夫了得。有一天，退潮了，大海风平浪静，哪吒同他的小伙伴们在海滩上欢快地嬉戏。这时，东海龙王三太子出来捉小孩，伤害老百姓。哪吒见了非常生气，就与三太子在海里打了起来。大海被搅得风起浪涌，可怕极了！哪吒打死了三太子，又抽了他的筋。东海龙王知道了，勃然大怒，

于是叫来其他龙王一起翻江倒海地布雨，欲淹没陈塘关。大海掀起了巨浪，百姓都吓坏了。哪吒为了老百姓的安危，自己剖腹、剜肠、剔骨，把筋肉还给了父母。后来，在太乙真人的帮助下，哪吒借着荷叶、莲花之气脱胎换骨，得以重生。哪吒又去大闹东海，砸了龙宫，打败龙王，吓得龙王再也不敢祸害百姓了。

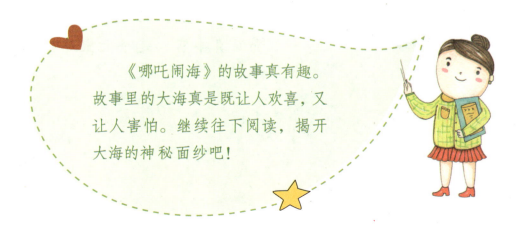

《哪吒闹海》的故事真有趣。故事里的大海真是既让人欢喜，又让人害怕。继续往下阅读，揭开大海的神秘面纱吧！

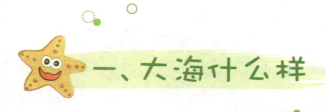

# 一、大海什么样

　　我们平时所说的大海，其实指的是海洋。地球表面大部分被海水覆盖，地球上海洋总面积约为 3.6 亿平方千米。如果把整个地球表面平均分成十份，海洋占了七份多呢！

　　海洋的中心部分是洋，边缘部分是海，海和洋彼此相连，形成了地球上最大的水体。

　　看一看海洋的图片，读一读有关海洋的童谣，你会对海洋多一份了解。

## 海洋之歌

地球圆又圆，平均分十份。
三份是陆地，七份海洋蓝。
近处叫作海，远处叫作洋。
有浪又有潮，平静又凶悍。
味道很特别，而且很多变。
资源真丰富，是个大宝库！

海洋浩瀚无边，变幻多端，神秘莫测，美丽而又壮观！除了海水，海洋中还有溶解和悬浮于海水中的物质、海底沉积物以及丰富的海洋生物。海洋是生命的摇篮！

## 二、大海真多变

哪吒闹海时，海浪千变万化。那么海浪是怎么来的呢？原来，我们看到的海浪主要是由风的作用而产生的。

你看，大海时而风平浪静，时而风起浪涌，如果台风来了，那就会巨浪滔天了！

涨潮时，海水上涨，波浪滚滚，人们只能远远地在岸上观看大海。

海水有涨潮和退潮的自然现象。

退潮时，露出一片海滩，人们就可以开心地在海滩上玩耍了。

 广角镜

### "潮汐通"——招潮蟹

美丽的沙滩上有个小洞，洞里住着一只机灵的招潮蟹。每天它都会仔细聆听潮水的声音。当潮水涌来时，它就盖住洞口。盖洞之前，还不忘举起一只"大手"，好像在欢迎潮水的到来。潮水退了，它就爬出洞，在海滩上寻找食物。

招潮蟹要生存下来，就要适应潮水的涨落，所以就慢慢成了"潮汐通"。

# 三、海洋是个大宝库

海洋里的动物种类繁多，可丰富了！

海洋里也有很多植物，在浅海海底能看见，在海面上也能看见呢。

你看渔民们打捞了那么多鱼、虾、蟹……

"海岸卫士"红树林就像一片海边森林。

海洋里还有鲨鱼、鲸这样的庞然大物。

海洋里有我爱吃的海带、裙带菜。

科学家受海洋动物启发，发明了潜艇……

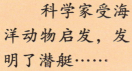

有些海洋生物具有药用价值和艺术价值。

海洋中有丰富的动物，如各种各样的鱼、虾；还有种类繁多的植物，如海带、裙带菜、紫菜；人们可以进行海水制盐，也可以把海水淡化用于工业或者直接饮用；海底还有石油、天然气等宝贵资源；人们还可以利用波浪和潮汐来发电，也能够进行海上航行、海洋运输……可见，海洋不仅是个大宝库，还给人们的生活带来了极大的便利。

**海韵拾贝**

海洋浩瀚壮阔，是地球上最大的水体。海洋包容万物，是地球上资源最丰富的宝库。生命起源于海洋，人类文明也起源于海洋。海洋变幻多端，能给人们带来福利，也会带来灾难；海洋神秘莫测，集力量与智慧为一体，不容侵犯。看日月星辰，听潮起潮落，海洋以她独有的魅力，让人们热爱，更让人们敬畏！

海滨好迷人

浪花朵朵

# 石老人的传说

传说很久很久以前，青岛崂山西侧的海边，住着姓石的父女俩：爹爹石老人，一年到头驾着小船下海打鱼；女儿海花，在家纺线织网，料理家务。

这天，石老人一早就出海打鱼了。傍晚，海花在海边一边等着爹爹回来，一边唱着渔歌：

大海青啊大海蓝，
大海就像镜一面。
早照海花织渔网，
晚照海花纺线线。
哎嗨哟，

哎嗨哎嗨哟，

渔家日夜不得闲。

　　龙太子听到海花美妙的歌声，就派龟丞相带虾兵蟹将把海花抓进了龙宫，因见海花长得漂亮，就要娶海花，海花誓死不从。石老人打鱼回来找不到女儿，就日夜在海边等啊，等啊……龙王宠爱儿子，便施展法力，把石老人变成了石头。海花得知父亲变成石头的消息后，痛不欲生，拼死冲出龙宫，向已变作石头的父亲奔去。龙王见状，又施法把海花化作一块巨礁，孤零零地定在海上。从此，父女俩只能隔海相望，永难相聚。

　　后来，海边山坡下，当年石老人的小屋附近，人口渐渐增多，变成了渔村，人们便把村名定为"石老人村"，把海边浅水中石老人化成的那块高大的石头起名为"石老人"。

　　千百万年的风浪侵蚀和冲击，使崂山脚下的基岩海岸不断崩塌后退，唯独石老人这块坚固的石柱残留下来，成为现在的样子。这块海中奇石极像一位老人，吸引了许多游人来此观赏。看，石老人屹立在碧波之中，每天晨迎旭日，暮送晚霞，伴着潮起潮落，不知度过了多少岁月。

　　看着大自然鬼斧神工形成的石头形状，小朋友们，你们是否也浮想联翩呢？现在，它已成为石老人国家旅游度假区的重要标志和青岛海滨一处亮丽的风景。

▲ 石老人

# 一、海滨美景

我国有绵长的海岸线，海滨风景如诗如画，各具特色。让我们一起到山东美丽的海滨去走一走、看一看，领略那里迷人的风光吧！

　　青岛栈桥是青岛海滨的标志性景点之一，桥身从海岸探入如弯月般的青岛湾深处。桥南端筑有半圆形的防波堤，堤上建有两层的八角楼，名为"回澜阁"。游人伫立阁旁，可尽览青岛海滨美景。"飞阁回澜"还被誉为"青岛十景"之一呢！

▼青岛栈桥

蓬莱阁位于山东省烟台市蓬莱区，是一处凝聚着中国古代劳动人民智慧和艺术结晶的古建筑群，素来被称为"人间仙境"。其"八仙过海"的传说和"海市蜃楼"奇观享誉海内外，吸引着中外游客来此一睹它的风采。

▲ 蓬莱阁图

月亮湾位于烟台市的黄海之滨，形状犹如一弯新月，镶嵌在青山碧水之间。这里最为奇特的要数遍布在海滩上的球石，有的洁白如美玉，有的晶莹赛琥珀，五颜六色，极为美丽。行走在月牙湾的沙滩上，犹如置身繁星点点的银河之中，令人陶醉！

▼ 烟台月亮湾

金沙滩位于青岛市西海岸新区，那里水清滩平、沙细如粉、色泽如金，是我国沙质最细、面积最大、风景最美的沙滩，被称为"亚洲第一滩"。看着金沙滩的美景，想不想光着脚丫在上面撒欢呢？

▲ 金沙滩

刘公岛位于山东半岛最东端的威海湾内，人文景观丰富独特。这里既有战国遗址以及汉代刘公、刘母的美丽传说，又有

▲ 刘公岛

清朝北洋海军提督署、水师学堂、古炮台等甲午战争遗址，素有"东隅屏藩"和"不沉的战舰"之称，真是引人入胜！

海滨风光美，
海风拂面吹。
脚踏细沙软，
海天令人醉。
浪花把歌唱，
欢迎你到来。

# 二、宜人的海洋性气候

▲ 海滨风光图

一起来观赏世界著名的海滨风光吧！

▲ 中国海南三亚

▲ 美国夏威夷

▲ 印度尼西亚巴厘岛

## 广角镜

### 美丽的海滨城市——青岛

青岛，又称"琴岛"，三面环海，风光秀丽且气候宜人，再加上特殊的历史积淀，使这里成为中国鼎鼎有名的旅游胜地。起伏跌宕的海上"仙山"——崂山，红瓦绿树、碧海蓝天的城市风景，具有典型欧陆风格的多国建筑，浓缩中国近现代历史文化的名人故居，现代化的度假、会展设施，使青岛这座中西合璧，山、海、城相融相拥的城市，成为中国最美丽的海滨城市之一。

　　青岛是2008年北京奥运会和第13届残奥会帆船比赛举办城市，是中国帆船之都、亚洲最佳航海城、世界啤酒之城、中国最具幸福感城市之一。

　　美丽的青岛欢迎你——Welcome to Qingdao!

# 三、好玩的海滩

家住大海边，
海滩乐趣多。
贝壳惹人爱，
螃蟹等你捉。
我和浪花来赛跑，
大家乐得笑呵呵。

　　炎热的暑期，人们喜欢去海滩享受清凉的海风，欣赏优美的风景，玩耍、嬉戏。小朋友们，快来海滩一起欢乐吧！

◀ 沙滩排球

▶ 赶海

▶ 沙雕

沙滩足球

海边的生活真是丰富多彩、乐趣多多呀！

走进热闹的沙滩，你肯定会流连忘返。有机会的话，和小伙伴们一起体验一下吧！

# 海边乐园

▲ 热闹的沙滩

▲ 捉螃蟹

▼ 一起挖沙

▲ 海滩日光浴

▲ 海滩野餐

## 海韵拾贝

碧波万顷的大海，细腻柔软的沙滩，如诗如画的海陆景观，构成了独具特色的海滨风光。在这里，你能感受"人间仙境"蓬莱阁的风采，你能领略"东隅屏藩"——刘公岛的魅力……你可以听海浪、吹海风，也可以踏细沙、赏鸥翔；你还能体验沙滩活动的无限乐趣。海滨真迷人！

瞧，那船儿

**浪花朵朵**

# 鲁班造船

鲁班是我国古代著名的工匠、发明家。

传说有一天，鲁班的妻子回娘家，在路上经过一条河时，一不小心把一只鞋子掉到水里去了。这只木头底的鞋子，在水中慢悠悠地漂呀漂，鲁班的妻子就在后面追呀追。到了一个水流缓慢的浅滩，鞋子才停了下来。

鲁班的妻子回家后把自己的遭遇告诉了丈夫。鲁班让妻子把鞋子脱给他看，却发现鞋子里没有一点水的痕迹。这是怎么回事呢？鲁班疑惑不解。

于是，鲁班拿着这只鞋子来到河边，轻轻放在水面上，鞋子顺水向下漂去。鲁班急忙跑到下游不远处等着，很快鞋子就到了他的面前。鲁班拿起鞋子一看，里面还是干的。

鲁班突发奇想，如果造一只很大的鞋子，里面坐上人，然后放在水面上，不是也能顺水漂流吗？只要不漏水，就不会沉入水底。这样就不用走路了，坐在"鞋"里就可以到达远方啦。鲁班回家后就立即找来木料，准备大干一场。

经过无数次试验、改进，鲁班还真造出了最简单的小舟。

船在古代劳动人民心中有着很重要的地位，船是重要的水上交通工具。

# 一、船儿真漂亮

船儿指的是利用水的浮力，依靠人力、风力、发动机等动力，能够在水上移动的交通运输工具。我们总能在大海上看到各式各样的船儿。

## 军舰

军舰是有武器装备、能执行作战任务的军用舰艇的统称，是在海上执行战斗任务的可移动平台。最大的军舰是航空母舰。

## 渔船

渔船通常是指用于捕捞的船舶，包括现代捕捞生产的辅助船只，如进行水产品加工、运输、养殖、海洋资源调查、渔业指导和训练的船舶。

## 游轮

游轮是用于搭载乘客从事旅行、参观、游览活动的各类客运机动船只的统称，兼具交通工具和娱乐性质，可提供住宿、餐饮、购物、娱乐等商业性服务。

## 集装箱船

集装箱船是以载运集装箱为主的运输船舶。最大的集装箱船可以一次性运输2万多个集装箱。

 广角镜

## 独木舟

中国古籍《易经·系辞》中有"刳木为舟"的记载，人们用石斧、石锛、锤等工具，挖空树木，使之成为船只。后来，人们发现用火加工木材比用石斧等工具更为方便。人们将树干上不需要挖掉的地方都涂上厚厚的湿泥巴，然后用火烧掉要挖去的部分。这样再用石斧砍被烧的部分就比较容易了。独木舟就是这样制造成功的。

江苏武进县淹城曾出土了四条独木舟，据考证是春秋战国时的独木舟。其中一条长11米、宽0.9米、深0.45米，是我国目前发现的最古老、最完整的独木舟，现陈列于中国历史博物馆。

# 二、船儿真神奇

你是不是已经被船儿漂亮的外形所深深吸引了呢？其实啊，船儿家族成员们可不仅仅是"颜值"高，它们还有神奇的本领呢！

龙舟是端午节竞渡用的龙形船。赛龙舟是中国端午节的主要民俗活动之一，由多人集体划桨竞赛。赛龙舟不仅是一种体育娱乐活动，更体现出我国传统的历史文化和人们的团队协作精神。

楼船是中国古代百越地区古越族人发明的一种大型战船。三国时东吴建造的五层战船，可载兵 3000 人；明代袁可立的登莱水军也广泛使用这种舰船。楼船不仅外观威武，而且船上列矛戈、树旗帜，戒备森严，攻守得力，宛如水上堡垒。

**广角镜**

### 刻舟求剑

古时候，楚国有个人坐船过江时，不小心把身上的宝剑掉到了江里。他不慌不忙地掏出一把小刀，在船舷上落下宝剑的地方刻了一个记号，说："这是我的宝剑落水的地方。"

过了一会儿，船到岸了，那人便从船上刻有记号的位置跳下水去捞宝剑，但半天也没找到。同船人看他这样感到很好笑，说："船一直在前进，但你的宝剑落水后又不会随船前进，你现在才下水去找，当然不可能找到！"

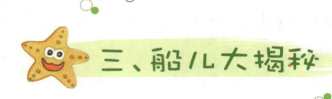

三、船儿大揭秘

从古到今，船儿在不断地演进，但是最常见的形状是一个左右对称的狭长几何体。船儿通常由船壳、船体骨架、甲板、船舱和上层建筑组成。

**船壳**包括船侧板和船底板，船体的几何形状是由船壳的形状决定的。

**船体骨架**由龙骨、旁龙骨、肋骨、龙筋、舭龙骨、船首柱和船尾柱等组成。

**甲板**位于内底板以上的平面结构，用于封盖船内空间，并将船分隔成上下层。

**船舱**指甲板以下的各种用途空间，包括船首舱、客舱、货舱、机舱、锅炉舱等。

**上层建筑**指主甲板上的建筑，包括各种用途的舱室，如工作舱室、生活舱室、贮藏舱室、仪器设备舱室。

## 海韵拾贝

　　船儿随着历史的变迁也在不断地演进，种类越来越多，功能也越来越强大。船儿是人类智慧的结晶，从产生到发展，它见证着人类文明的进步。船儿更是人类的朋友，不仅方便了人们出行、运输货物等，还有军事、科考等用途。船儿帮助人类探索大海、驰骋大海。

# 感受鱼趣

⭐ 浪花朵朵

# 小黄鱼跳龙门

传说在美丽的灵山湾，住着小黄鱼一家。小黄鱼最大的梦想就是有一对翅膀，像鸟儿一样在天空翱翔。

有一天，小黄鱼听说黄河里的小鲤鱼跳过龙门变成了龙飞腾而去，高兴极了，便对奶奶说："奶奶，我也想跳龙门！"奶奶知道小黄鱼是个很自信的孩子，便对小黄鱼说："在蓬莱仙岛也有一座高高的龙门，传说只要跳过去就可以变成一条金龙，你就可以飞起来了。"

于是，在一个晴朗的早晨，小黄鱼约上好朋友小鲈鱼一起向蓬莱仙岛

游去。

"可爱的鱼宝宝们，你们这是去哪里啊？"

途中，他们遇到了带鱼阿姨。她的身体像一条银色的缎带，好美呀。

"我们要去蓬莱仙岛跃龙门！"小黄鱼骄傲地回答。

话音未落，小鲈鱼尖叫起来："快跑，大鲨鱼来了！"

只见一条呲着尖牙、凶猛的大鲨鱼朝这边游来。周围的鱼儿四处逃窜，小黄鱼却吓傻了，在那里一动也不动。眼看大鲨鱼就要过来了，旁边的鲅鱼爷爷狠狠地撞了一下小黄鱼："快——跑！"小黄鱼这才回过神来，赶紧和小鲈鱼一起飞快地游走了。

不知道游了多久，两个好朋友终于到了蓬莱仙岛，见到了小黄鱼奶奶说的龙门。

小鲈鱼仰着头说："龙门这么高，我看是跳不过去了。"小黄鱼不服气，过去试了试，果然被大浪打了回来。小黄鱼不气馁，又跳了好多次，还是没有成功。

"就你还想跃龙门？做梦吧！"一群沙丁鱼从小黄鱼身边游过，嘲讽

地说道。

"该怎么办呢？"小黄鱼有些泄气。

"加油！小黄鱼，你肯定能成功的！"

"小黄鱼别放弃！"

加吉鱼姐姐和鳐鱼哥哥在旁边鼓励她。

这时，鲅鱼爷爷游了过来，慈爱地对小黄鱼说："孩子，浪这么大，你要动脑筋好好想想。"

小黄鱼看着大浪起起伏伏，眼珠一转，想出了个好办法。

只见当大浪涌过来的时候，小黄鱼随着起伏的大浪用力一跃，紧接着被大浪抛向了高空。就在她快要摔下来的时候，加吉鱼姐姐用力一跳，飞向小黄鱼，她的尾巴在半空中一甩，把小黄鱼再次弹向了空中。这下，小黄鱼跳得比龙门还要高了。

小黄鱼在空中奋力一跃，轻轻松松地跃过了龙门，真的变成了一条金龙飞上了天空……

海里的鱼儿可真多！鱼儿不仅本领大，而且很勇敢！

# 一、鱼儿多多

山东半岛主要经济鱼类有 40 多种，其中鲅鱼、带鱼、鲳鱼产量较高。让我们一起来看看故事里的鱼儿都是什么样的吧！

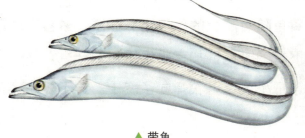

▲ 带鱼

## 带鱼

一条银带子，身长尾巴细。
牙齿尖又利，腹部有小刺。
游动不靠鳍，身子摆得急。
喜居深海底，成群游上来。

## 黄鱼

脑袋大，眼睛小，
两粒石头头中藏。
身体扁，肚皮黄，
鱼鳞又多又闪亮。
春天到，洄游忙，
山东沿海把歌唱。

▲ 黄鱼

▲ 鲅鱼

## 鲅鱼

身体圆，体色亮，
蓝黑花斑身上长。
牙齿利，性情刚，
它是游泳小健将。
传孝道，送岳丈，
青岛鲅鱼美名扬！

## 大鲨鱼

大鲨鱼，真厉害，
牙齿尖尖排成排，
体型庞大游得快，
气势汹汹游过来，
小鱼小虾快躲开。

▲ 大鲨鱼

▲ 沙丁鱼

## 沙丁鱼

小小沙丁鱼，口小吻尖长。
结伴来游玩，受惊潜入沙。

▲ 加吉鱼

## 加吉鱼

加吉鱼，真美丽，
银红的身子跑得快。
大大的脑袋小嘴巴，
寓意吉祥惹人爱！

海洋里的鱼约有 1.2 万种，其中我国有 3000 多种，真的是鱼儿多多。

◀ 孔鳐（老板鱼）

## 孔鳐（老板鱼）

身体扁平，
像个圆盘。
喜埋沙中，
晚上觅食。

## 鲈鱼

体长侧扁，
嘴尖口大。
背部黑点，
腹部灰白。

▲ 鲈鱼

 **广角镜**

## 文昌鱼

　　文昌鱼属于脊索动物中的头索动物，它生活在沿海的泥沙中，皮肤薄而呈半透明，身体侧扁，两端尖。文昌鱼曾经在山东海域绝迹了十几年，1988年在山东日照近海又被发现。

　　文昌鱼有重要的科学研究价值，是国家二级保护动物。2004年，青岛市建立文昌鱼水生野生动物市级自然保护区。

# 二、鱼儿本领大

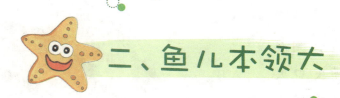

黄河鲤鱼跳龙门是个传说，小黄鱼跳龙门是个故事。不过，鱼儿生活在海洋里，个个都有一身本领，有些还身怀绝技！

▲ 电鳐

## 会放电的电鳐

为了躲避敌人的攻击或者捕捉食物，电鳐会使出它的看家本领——放电！

▲ 蝴蝶鱼

## 会变色的蝴蝶鱼

蝴蝶鱼是海洋里的魔术师。当它遇到敌害时，身体的颜色就会不断地变换，好神奇！

### 胆大的鲫鱼

海洋里的鱼儿很多都怕大鲨鱼，而鲫鱼却不怕，还敢用它独特的吸盘吸附在鲨鱼身上，跟着鲨鱼到处旅行呢！

▲ 鲫鱼

▲ 旗鱼

### 游得飞快的旗鱼

旗鱼快速游泳时，高大的背鳍就收起来了，这样旗鱼就会像箭一样飞速前进。

### 双眼长在同侧的比目鱼

比目鱼的两只眼睛真奇怪，长在了身体的同一侧。瞧，是不是很奇特！

▲ 比目鱼

▲ 自由自在的鱼儿（青岛市崂山区沙子口小学学生作品）

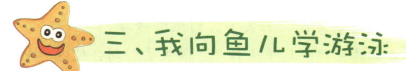

# 三、我向鱼儿学游泳

鱼儿个个都是游泳健将，那么，鱼儿是靠什么游泳的呢？

鱼主要是靠躯干部和尾部的摆动协调完成游泳运动的。

鱼儿们在海水中上浮下沉，或成群结队觅食，或独自逍遥地游来游去。

背鳍

尾鳍

胸鳍　腹鳍　臀鳍

背鳍：保持鱼体侧立，对鱼体平衡起着关键作用。若失去，鱼儿会失去平衡而侧翻。

胸鳍和腹鳍：起平衡作用，若失去，鱼体会左右摇摆不定。

尾鳍：决定运动方向，若失去，则无法转弯。

臀鳍：协调其他鳍，起平衡作用，若失去，则会使身体轻微摇晃。

另外，鱼鳍还有感知水流的作用。

**海韵拾贝**

　　美丽的山东半岛濒临黄海、渤海，海岸线绵延曲折，长达3000多千米，海洋渔业资源非常丰富，栖息和洄游鱼类达200多种，主要经济鱼类约40种。每年总会有很多洄游性鱼类，大体经过基本相同的路线到达山东海域产卵，有的途经山东海域，形成许多优良渔场，如莱州湾渔场、烟威渔场、石岛渔场、青海渔场、连青石渔场，总面积达17万平方千米。

# 结识虾"兵"与蟹"将"

⭐ 浪花朵朵

# 虾"兵"蟹"将"

东海龙王造安乐宫，要用红红绿绿的宝石装门面。这种宝石只有北海才有，龙王先派黄鱼去找。黄鱼根本不认识宝石，它从秋找到冬，连一块宝石也没有看到，后来，冻死在北海。

黄鱼一去几个月，一点音信也没有。龙王急了，又派螃蟹去。螃蟹到了北海，在礁底整整挖了三天三夜，终于挖到了宝石！它把宝石驮在背上，费了很大力气才运回东海。

　　螃蟹采到宝石，立了功，龙王要封它当大将。墨鱼跑到龙王那里讲螃蟹的坏话，龙王一听，当真了，不但不给螃蟹升官，反而把它关了起来。

　　北海龙王知道北海的宝石被东海龙王偷去，很不高兴，派鳗鱼带兵打过来。东海龙王派带鱼、墨鱼去应战，结果都大败而回。没办法，龙王只好放出螃蟹，让螃蟹去。为了龙宫的安危，螃蟹带着三千虾"兵"出去迎战。

鲼鱼根本不把螃蟹和虾"兵"放在眼底，谁知螃蟹铜身铁骨，还伸出双钳，使尽全身力气钳住了鲼鱼。虾"兵"一下子拥了上去，用尖刺猛刺，把鲼鱼刺得浑身是洞。

螃蟹带着虾"兵"得胜回营。东海龙王高兴极了，封螃蟹做"铁甲将军"，那些虾"兵"就成了螃蟹的"兵士"。直到现在，人们还称它们虾"兵"蟹"将"。

同学们，故事里的虾"兵"和蟹"将"有勇气、有本领，令人敬佩！

# 一、虾和蟹的王国

虾和蟹身上都披着甲壳，种类特别多，常见的海虾有对虾、皮皮虾、龙虾，海蟹最常见的是梭子蟹。虾和蟹的真皮层中分布着大量的青黑色的色素，因此新鲜虾蟹一般是青色。虾和蟹营养丰富，味道鲜美，可制作多种佳肴，也可做药材，虾还有菜中之 "甘草" 的美称呢！

中国对虾，体形大，甲壳较薄，表面光滑，过去常成对出售。高蛋白、低脂肪，用这种虾做的油焖大虾是经典名吃。

▲ 中国对虾

龙虾，头胸部粗大，腹部短小，外壳坚硬，色彩斑斓，是虾中最大的一类。

▲ 龙虾

虾蛄，也叫 "皮皮虾"，又叫 "虾虎"，腹部宽大，并长有宽而短的尾节。长着一对强大的钳子，相当有力。

▲ 虾蛄

▲ 中国毛虾

中国毛虾，又名"水虾"，小型虾类，一般只有3厘米长，是中国特有的种类。干制品叫"虾皮"，营养丰富，风味独特。

▲ 鹰爪虾

鹰爪虾，也叫"立虾"或"蛎虾"，腹部弯曲，样子像鹰爪，甲壳很厚。肉味鲜美，还可加工成海米，驰名中外的"金钩海米"就是由它制成的。

面包蟹算是螃蟹家族中最有亲和力的，扁扁胖胖的身躯，喜欢待在一处地方，囤积蟹膏。动作慢，完全没有攻击力。

▲ 面包蟹

青蟹，又称黄甲蟹，身体扁平，没有毛，头胸部发达。肉质鲜美，营养丰富。

▲ 青蟹

▲ 三疣梭子蟹

三疣梭子蟹的形状就像一只织布机上用的梭子，这种蟹的产量极高，几乎遍布沿海所有地区，深受人们喜爱。

花蟹，也叫远海梭子蟹，蟹壳上的彩色花纹很美丽，各种图案让人眼花缭乱。花蟹蟹盖的两面呈尖形，煮熟之后很漂亮，是重要的经济蟹类。

▲ 花蟹

**广角镜**

## 鲎（hòu）

鲎长得很像蟹，身上有拱门形状的硬壳，可以承受巨大的压力。它体形庞大，不易被其他动物吃掉。有四只眼睛，其中两只是复眼。鲎的祖先出现在远古时期，与它同时代的动物或进化或灭绝，只有鲎至今仍保留其原始而古老的相貌，所以鲎有"活化石"之称。鲎的蓝色血液具有医用价值。

# 二、虾"兵"蟹"将"大明星

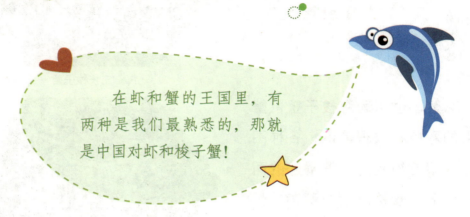

在虾和蟹的王国里，有两种是我们最熟悉的，那就是中国对虾和梭子蟹！

这些童谣多有趣，快来读一读吧！想一想，它们为什么叫"对虾"和"梭子蟹"呢？

大对虾，真威武，
举着银枪到处游。
壳儿软，胡须长，
身体弯弯似银钩。
煮熟以后穿红袍，
营养美味人人夸！

梭子蟹，真霸道，
像个梭子横着走。
遇到小鱼咬一口，
碰见小虾挥拳头。
一对钳子力量大，
身披铠甲战四方。

我国著名书画家齐白石爷爷画的《墨虾》很有名，你知道这幅画背后的故事吗？

 **三、舌尖上的虾和蟹**

我们平时吃的虾和蟹营养丰富，可以做成各种美味。

▲ 油焖大虾

▲ 水煮虾虎

▲ 清蒸螃蟹

 广角镜

食用虾和蟹的注意事项

⊙ 不要吃不新鲜的虾、蟹。

⊙ 不要吃生虾、生蟹。

⊙ 过敏性疾病患者不宜吃虾、蟹。

⊙ 吃完虾、蟹不要吃柿子。

下面是小朋友们都爱吃的炸虾仁的做法，了解一下！

▲ 炸虾仁

## 炸虾仁

**1** 准备好虾仁，把虾线挑出来，准备好面包糠。

**2** 在处理好的虾仁里放盐、胡椒粉、料酒、蛋清、淀粉，搅拌均匀。

**3** 把面包糠放入碗里，一只虾一只虾地粘上面包糠。

**4** 锅里加油烧至七成热，把裹好面包糠的虾逐个下油锅炸。

**5** 将虾仁炸至金黄色，取出放在吸油纸上，吸走多余的油。

**6** 装盘，大功告成。

**海韵拾贝**

　　虾和蟹种类非常多，广泛分布于我国沿海地区。虾和蟹在我国海洋渔业捕获物中产量相当大，特别是对虾、梭子蟹等，为沿海地区的渔民带来了经济效益。在海洋生物族群中，虾"兵"蟹"将"虽然渺小，但它们却生机勃勃，是海洋生物链中的重要成员。

# 走进海贝大世界

⭐ **浪花朵朵**

# 海螺姑娘

很久很久以前，在一个美丽的小渔村里，住着一个孤苦伶仃的年轻渔夫。

一天，渔夫出海时无意中捞到了一只大海螺，海螺闪闪发光，十分漂亮。渔夫又惊又喜，就把这个海螺带回了家。

有一天，渔夫出海回来，看到饭桌上摆着香喷喷的饭菜，连续好几天都是如此。渔夫觉得很奇怪，决心要把事情弄清楚。

第二天，他像往常一样出海打鱼，天还没黑就往家里赶。这时家里的炊烟还没升起，渔夫悄悄地躲在门后，全神贯注地看着屋子里的一切。不一会儿，水缸里金光闪闪，一个年轻美丽的姑娘出现了。她轻轻地走到灶前，准备烧火做饭。

此时渔夫连忙走上前去，向姑娘问道："请问这位姑娘，您从什么地方来？为什么要帮我烧饭？"美丽的姑娘被吓了一跳，她告诉渔夫，她是大海中的海螺仙子，那天被渔夫无意间从螃蟹的嘴边救了下来。为了报答渔夫的恩情，她就悄悄地留下来照顾他。

渔夫听后非常感动，和海螺姑娘成了亲。于是，他们每天一起打鱼、一起织网，过着快乐而幸福的生活……

# 一、生活中的海贝

海贝是指海洋中的软体动物。它具有一种特殊的腺细胞，其分泌物可形成保护身体柔软部分的钙化物，称为贝壳。海螺是海贝的一种。

我们一起去海鲜市场看看生活中的海贝是什么样的吧！

▲ 毛蚶

▲ 蛤蜊

▲ 贻贝

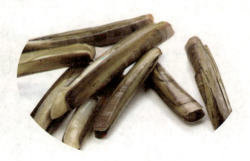

▲ 蛏子

▲ 香螺

▲ 鲍鱼

## 扇贝

小扇贝，小扇贝，
色彩鲜艳真美丽。
像扇子，像蝴蝶，
点缀海底多婀娜。
肉肥味美没得挑，
营养丰富人人爱。

## 海螺

小海螺，角儿尖，
跟随海浪到海滩。
你是红，我是绿，
五彩缤纷多有趣。

# 二、小贝壳，大世界

你知道吗？小小的贝壳五彩斑斓，在它身上，蕴含了许多科学的秘密。

　　贝壳中的大部分成分是碳酸钙，不仅可以固定二氧化碳，还可以吸附金属离子等，对海水净化起到了重要作用。对软体动物而言，贝壳还可为其身体提供"保护伞"，帮助它们防御侵害。

　　贝壳是从贝壳顶部以不同的形状向上螺旋式生长的，贝类神奇的外套膜可使其内部自我修复，即使贝壳破损，也可以分泌黏液修补，让"小房子"更坚固。

　　鹦鹉螺实际上是头足类海洋动物，它也有一层厚厚的"贝壳"。鹦鹉

▲ 鹦鹉螺的壳

螺被称为"海洋活化石"，历经几亿年演变，外形和习性变化很小，在生物学等方面有很高的研究价值。

如果你想知道更多关于贝类的知识，那就一起去青岛的贝壳博物馆看一看吧！

青岛贝壳博物馆坐落于青岛市西海岸新区唐岛湾畔，是以贝壳为主题，集贝壳研究、收藏、科普教育、文化旅游为一体的海洋特色博物馆，面积约 2600 平方米，并有国内最大的沙滩T台；展藏世界贝壳标本 12000 余种，贝壳化石 5000 余枚，贝壳艺术品 6000 余件。

▲ 青岛贝壳博物馆

　　位于滨州市无棣县境内的贝壳堤岛，全长76千米，贝壳储量达3.6亿吨，也是山东省最宽广的滨海湿地带。汪子岛是其中最大的贝壳堤岛，是滨州市内唯一能看到大海全貌的地方，风光秀丽，植物茂盛，有海上"仙境"之称。相传，徐福奉秦始皇的命令带着童男童女，在此入海求仙取长生不死药，长久不归。父母思念远去的孩子，奔波于此岛，眺望大海，盼子归来，故又名"望子岛"。

# 三、寻找贝壳里的美

贝壳可以做成各种各样的漂亮的艺术品，欣赏一下！

▲ 贝壳项链

▲ 贝壳粘贴画

▲ 贝壳风铃

▲ 贝壳工艺品

**广角镜**

　　贝壳在人类社会中最初是作为货币出现的。原始社会，在早期的经济活动中，因为贝壳坚固耐磨、光洁美丽、易于携带等特点，人们就用它进行商品交换。贝壳是最原始的货币。

**海韵拾贝**

　　贝壳是大海的爱，遗落在海滩，等待我们去拾起。在山东的浅海滩涂中，贝类有百余种，经济价值较高的有20多种，主要包括蛤蜊、泥蚶、文蛤、毛蚶、牡蛎、贻贝等，还有鲍鱼、扇贝、西施舌等海珍品。它们是大海赐予我们的最别致的礼物。

# 游览海兽王国

## ⭐ 浪花朵朵

# "老人家"——鲸

　　在蓬莱一带，当地渔民亲切地把鲸称为"老人家"，以此来表达对鲸的尊敬之情。因为鲸能给渔民带来渔获，出海遇到鲸好像遇到了"财神"。在海上，渔民把见到鲸称为"过龙兵"。据说"过龙兵"时，走在最前面的是押解粮草的"先锋官"——对虾，它所"押解"的是成群的黄花鱼；在"先锋官"后面充当"仪仗队"的是鲐鱼，"仪仗队"后面是夜叉，龙王坐在由十匹海马拉着的珊瑚车中，龟丞相在车左边。车两边各有四条大鲸，称为"炮手"，由它们鸣炮前进，是龙王的保驾大臣。渔民在海里捕捞时，遇到"过龙兵"，马上要停止捕捞，举行祭祀仪式：先往海中撒米，再由船老大率领船员烧纸祷告，还要向着鲸的方向跪拜。

威海地区的渔民还把鲸当作海神来祭祀，称鲸为"赶鱼郎"，因为鲸在海中追食鱼群时，渔民随其后撒网，一定会获得丰收。渔民中流传着这样的歌谣：

赶鱼郎，黑又光，帮助我们找渔场；

赶鱼郎，四面窜，当央撒网鱼满舱。

海洋里鲸的伙伴有很多，海豚、海豹、海狮、海象等都是人类的朋友，人们称它们为海兽家族。它们实际上都是海洋哺乳生物。海洋哺乳动物一般包括鲸目、鳍脚目、海牛目的所有动物以及食肉目的海獭和北极熊。

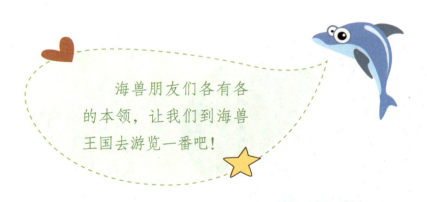

海兽朋友们各有各的本领，让我们到海兽王国去游览一番吧！

# 一、家族相册

▲ 蓝鲸

我是最大的鲸，动物世界中的巨无霸和大力士。

▲ 海豚

我有发达的大脑，智力相当于6岁的小朋友，是海洋动物里最聪明的。

▲ 一角鲸

人们叫我"海上独角兽"，我的独角实际上是一根长牙，可以长到3米长呢！

我是著名的海洋歌手，每年约有6个月整天都在唱歌，歌声响亮而有规律。

▲ 座头鲸

我是传说中的"美人鱼"，虽然样子令人有点失望，但我可是大海里的"除草机"。

▲ 海牛

　　随着仿生学的发展，海洋哺乳动物的潜水能力、游泳速度以及回声定位、体温调节能力和发达的智力引起了人们的重视。不少国家开始尝试驯养海洋哺乳动物，为军事和潜水作业服务。

　　海洋哺乳动物也是人们喜爱的观赏性动物，很多动物园及海洋公园中都有它们的身影。

广角镜

## 抹香鲸的自述

我体长可达 18 米，体重超过 50 吨，是体型最大的齿鲸。

我的头部巨大，可占身体的三分之一，又有巨头鲸之称。我的潜水本领高强，能潜到海平面以下 2000 米左右，是潜水最深、潜水时间最长的哺乳动物，是名副其实的"潜水王"。

我的肠内还能产生一种微黑色的分泌物——"龙涎香"，是珍贵香料的原料，也是一种名贵的中药，但不常有，偶尔得到一块便会价值连城，神奇吧！

## 二、家族特征

鲸生活在海里，外表很像鱼，人们往往称鲸为"鲸鱼"。但事实上，鲸并不属于鱼类。

鱼是冷血动物，鲸是恒温动物。

鱼用鳃呼吸，鲸用肺呼吸。

鱼是卵生，鲸是胎生。我还知道……

鲸和它的伙伴们其实就是海洋里的哺乳动物。它们有着共同的特征。

▲ 海豹

▲ 海狗

▲ 海狮

▲ 海獭

▲ 海象

## 家族特征

- 胎生、哺乳
- 体温恒定
- 用肺呼吸
- 身体呈纺锤形
- 前肢为鳍状

# 三、关爱和珍惜海兽

我是中华白海豚，有"水上大熊猫"的美誉，属于国家一级保护动物，我们家族成员的数量已经很少了。

▲ 中华白海豚

 广角镜

## 中华白海豚

中华白海豚属于鲸类的海豚科，是宽吻海豚及虎鲸的"近亲"。

中国最早发现中华白海豚是在唐朝。刚出生的中华白海豚身体呈深灰色，随年龄增长呈灰色，成年则呈粉红色。中华白海豚在中国主要分布在东南部沿海，据文献记载，最北可达长江口，向南延伸至浙江、福建、台湾、广东和广西沿岸河口水域，有时也会进入江河。中华白海豚在中国分布比较集中的区域有两个，一个是厦门的九龙江口，一个是广东的珠江口。

由于受到生存环境恶化的严重威胁，加上每三年才生一胎，繁殖率低，幼仔存活率低，中华白海豚家族正在走向衰落，

甚至有濒临绝迹的危险。它的数量比陆地上的大熊猫还要稀少。

中华白海豚的生存现状令人担忧，保护中华白海豚刻不容缓。我国采取了多项措施来保护中华白海豚。珠江口中华白海豚国家级保护区就是我们为这些可爱的精灵新建的温馨家园。

我们应改善中华白海豚的栖息环境，在它们密集生活的区域减少船只航行，让它们在安全、自由的环境中快乐生活。

不过度捕捞鱼、虾等海洋生物资源，让中华白海豚有充足的食物。

废水处理后再排放，防止工业废水、杀虫剂等流入大海，改善中华白海豚的生存环境。

减少填海，不占用它们的生活区域，让它们可以在更广阔的海域中自由地觅食。

◀ 中华白海豚

▲ 海豹

我们都想要更好的生存环境！

## 海韵拾贝

　　浩瀚无垠的海洋里，生活着海兽王国的朋友们。千百年来，它们在大海里繁衍生息，是海洋里的哺乳动物。而今，由于人类的捕杀和日益恶劣的生存环境，它们的数量急剧减少，有些甚至濒临灭绝。保护珍稀海兽，刻不容缓！让我们行动起来，保护海洋环境，修复海洋生态系统，营造温馨家园，与这些珍稀的海兽和谐相处！

与海鸟同乐

⭐ 浪花朵朵

# 精卫填海

　　传说炎帝有个女儿叫女娃，聪明可爱又很善良。一天，女娃去大海边玩耍却不小心被风浪吞没了，再也没有回来。

　　大海吞没了炎帝的女儿，她的灵魂化作一只海鸟，叫"精卫"。精卫非常痛恨大海夺去了她的生命，同时，她又怕别人和她一样被大海吞没，于是她誓要填平夺取人生命的大海。不论严寒还是酷暑，精卫不分昼夜地

叼着石子、树枝扔到海里。其他海鸟，如海鸥、海燕、军舰鸟、白鹭听说了精卫的故事，都被感动了，于是大家一起来帮助她填海。

　　当大海发觉自己有被填平的危险时，就赶紧借潮汐的力量用泥沙卷着杂物推向岸边，从而使泥沙在岸边沉淀下来，形成了滩涂。滩涂越来越厚、越来越大。人们就把滩涂围了起来，改造成了田地用来种庄稼。人们从田地里获得了丰收，他们知道这都是精卫的功劳，都非常感激精卫，并且教育自己的子孙要爱护海鸟，同时也要学习精卫矢志不渝地朝着既定目标奋力拼搏的精神。

精卫填海的故事真让人感动！
故事里还出现了好多海鸟，它们都
长什么样子，会做什么？我们为什
么要保护海鸟？继续读下去，你会
了解更多关于海鸟的知识。

# 一、海鸟翩翩

在海岛上或海边生长、栖息着很多能适应海洋气候环境的鸟类，我们
把它们叫作海鸟。在海边经常能看到它们成群结队地飞来飞去的身影，而
且身姿矫捷，潇洒自如。读一读关于海鸟的童谣，来认识一下这些可
爱的精灵吧！

▲ 海鸥

## 海鸥

海鸥海鸥岸边飞，
自由自在把风追。
成群结队水中戏，
齐心协力觅食归。

## 海燕

小海燕，个子小，
迎风破浪真勇敢。
一边飞，一边唱，
不怕雷电暴雨狂。

▲ 海燕

## 军舰鸟

嘴巴尖尖细又长，
展翅高空善飞翔。
比赛飞行它第一，
捕食不行别处抢。

▲ 军舰鸟

## 白鹭

一行白鹭天上来，
沿海滩涂它常在。
白衣纤足很珍稀，
我们一起爱护它。

▲ 白鹭

海鸟通常会比其他鸟类更长寿、晚育，族群老化问题明显。大部分海鸟会集群迁徙，能在海洋表面或水下觅食，或同类相食，可长期飞行。

## 广角镜

  企鹅是一种没有飞行能力的海鸟，大部分生活在南半球的南极洲。它们身穿黑白色"燕尾服"，走路缓慢稳重，像一个个绅士。独特的身体构造使得它们善于游泳和潜水。关于企鹅，你还知道哪些故事？

# 二、海鸟本领大

  其实，生活在海洋里，为了生存，海鸟们都练就了一身的绝技。想想看，你还知道哪些海鸟本领大？

### 海鸥——天气预报员

海鸥低飞、高飞、聚集在沙滩上，沿海边徘徊，或者从大海远处飞向海边，都预示着不同的天气变化。所以，海鸥就有了"天气预报员"的美称。

▲ 海鸥——"天气预报员"

### 会潜泳的海雕

海面上，海雕是强有力的飞行员。海面下，海雕就变成了凶猛的猎手，它拥有像鱼一样的潜水能力，能潜入水下几十米处捕鱼。

▲ 会潜泳的海雕

### 偏爱狂风的信天翁

信天翁不喜欢风平浪静，偏爱狂风巨浪。因为没有风它们飞行起来会很困难。风越大，它们飞翔的速度就越快！

▲ 偏爱狂风的信天翁

## "轰炸机"鹈鹕

鹈鹕的视力非常好，在空中飞行时都能看见水里的鱼。当它们发现鱼群时，就会像高速俯冲的轰炸机一样冲入水中捕鱼。

▲ "轰炸机"鹈鹕

▲ 会吃河蚌的白鹭

## 会吃河蚌的白鹭

白鹭嘴巴又长又尖，怎么吃坚硬的河蚌？原来白鹭巧妙地将河蚌叼起来，一次又一次地向岸边的石头上猛甩，直到河蚌张开双壳。这样，白鹭就能吃到鲜嫩的河蚌肉了。

海鸥不仅是"天气预报员"，还因为它经常拣食人们扔掉的残羹剩饭而被称为"海港清洁工"。海鸥本领这么大，如果用纸折一只属于自己的海鸥，应该怎么折呢？一起看一下吧！

1. 准备一张接近于正方形纸片。

2. 把一个角折向另一个角，注意不是对折。

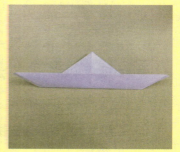

3. 反过来，把下方的纸往上折叠。

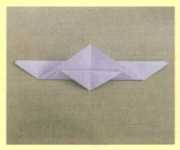 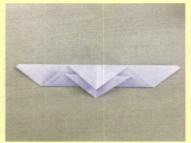 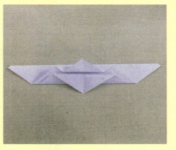

4.再反过来，把折叠上来的上层纸往下折叠。

5.再把下层的纸往下折叠。

6.下层纸往下折叠后再往上折叠出一部分。

  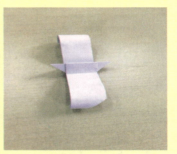

7.平均对折起来。

8.把折下来的部分再往上折上去。

9.把折叠上来的部分卷出一个弧形，另一边同样做法。

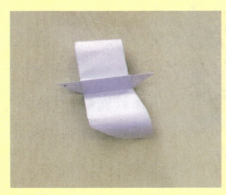 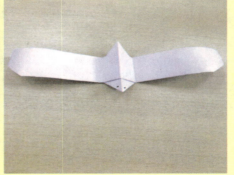

10.画上眼睛，海鸥就完成了。

# 三、保护海鸟，人人有责

你知道这是什么海鸟吗？它就是全球濒危物种之一的黑脸琵鹭。

▲ 黑脸琵鹭

黑脸琵鹭全长约80厘米，体毛为白色，而脸呈黑色，并与黑色的嘴融为一体。因为它的嘴形像乐器琵琶，所以叫作"黑脸琵鹭"。黑脸琵鹭性情比较安静，而且姿态优雅，故有"黑面天使"之称。

黑脸琵鹭分布区域较为狭窄，种群数量也极为稀少。由于生存环境的恶化以及人类的捕杀，许多海鸟种群数量在锐减，甚至濒临灭绝！

人类的生产活动、生活方式等导致气候发生变化，给海鸟的生存环境带来不利的影响。同时，由于人类大量捕捞各种鱼类，导致不少海鸟猎食越来越难。再加上人类的捕杀，使得包括黑脸琵鹭在内的不少海鸟濒临灭绝。因此，保护海鸟迫在眉睫！

海鸟是人类的朋友，保护海鸟，人人有责！让我们行动起来，保护我们的好朋友！

**广角镜**

### "鸥鹭王国" ——海驴岛

在山东省荣成市成山镇，有一座离陆地约 4 海里、面积约 0.11 平方千米的美丽小岛——海驴岛。每逢春季，成千上万的黑尾鸥和黄嘴白鹭来此栖息产卵，岩缝中的鸟巢数不胜数，因此海驴岛被称为"鸥鹭王国"。这里是鸟的世界，遍地的海鸥是这里的主人，它们大多栖息在岛礁岩缝中的窝里，很少飞翔在天空中，因为岛上尚无人居住，所以其生存环境尚未受到威胁，繁衍不绝。

**海韵拾贝**

　　自古至今，海鸟与人类和谐相处。这群如精灵般的海洋生物，能自由飞翔，与浪花嬉戏；也能展翅高飞，与巨浪共舞。希望你也能如海鸟一般，即使面对再恶劣的环境也能勇敢机智，练就一身本领，无惧无畏！

感恩大海

## ⭐ 浪花朵朵

# 郑和下西洋

公元 1405 年，明成祖派郑和出使西洋，随行的有水手、翻译、医生和护船的兵士，共两万多人。船上配备了航海罗盘等当时最先进的航海仪器，在大家的期盼中，宝船浩浩荡荡地出发了。

船队出了长江口，破浪西行。每到一个国家，郑和都把国书递交给国王，并代表明朝皇帝向他们赠送礼品，希望同他们友好交往。各国君臣看见船队规模宏大、使者的态度友好亲切，很多都表示热烈欢迎；当地老百姓听说中国的船队来了，扶老携幼，争相到海边观看。

当时中国的丝绸、瓷器等早就名扬海外，沿途的百姓听说船队满载这些物品，很是高兴，纷纷用香料、珊瑚、珠宝等去换取这些产品。各

　　地的商人也十分乐意同船队做生意。很多人还向中国客人赠送礼物，以表示友好。

　　郑和前后出海七次，到过 30 多个国家，最远还曾到达过非洲。郑和下西洋，让外国人更多地了解了中国，促进了中国和亚非许多国家的经济文化交流和友好往来，郑和下西洋的航线被称为"海上丝绸之路"。

　　郑和下西洋是古代中国也是世界航海史上的伟大壮举。随着人类对大海的深入了解，我们和大海的关系更加密切了，大海也无私地奉献着自己，给我们带来了便利和欢乐。

# 一、海上交通与航运贸易

便利的海上交通让我们可以去更远的地方，繁荣的航运贸易让我们的生活物资更加丰富。

小朋友们快快看，
海上交通展风采。
货轮停靠西海岸，
游轮载客多愉快。
航运贸易真厉害，
幸福生活把它赞。

▲ 耀眼的黄海明珠——青岛港

 广角镜

## 海底隧道

　　海底隧道是在不妨碍船舶航运的条件下，为了解决横跨海峡、海湾之间的交通问题而建造在海底的供人员及车辆通行的海底建筑。海底隧道不占地面空间，不妨碍航行，不影响生态环境，是一种非常安全的全天候的海底通道。

山东青岛的胶州湾隧道是国内第二条大型海底隧道，是国内长度第一、世界排名第三的海底隧道。隧道及其接线工程全长 9.47 千米。

# 二、旅游胜地与海上运动

美丽的大海展开了怀抱，人们尽情玩耍，放松身心。海上旅游让人类可以和大海亲密接触。

▲ 浮潜

▲ 摩托艇

▲ 拖伞运动

▲ 水上飞人

　　帆船运动是利用自然风作用于船帆上，驾驶船只比赛航速的一项水上运动项目。从事帆船运动可使人体魄强壮、意志坚韧、勇敢果断，从而健康身心。

风儿起，帆儿扬，我们牵手去远航。
浪儿涌，船儿漂，勇往直前多自豪。
你来追，我来赶，千帆竞发多壮观。

# 三、海产品与渔家宴

大海给我们提供了鲜美的海产品，丰盛的渔家宴是味觉的盛宴。

▲ 威海刺参

▲ 荣成海带

▲ 青岛的红岛蛤蜊

▲ 莱州梭子蟹

▲ 龙口大对虾

▲ 青岛的沙子口鲅鱼

▲ 丰盛的渔家宴

### 海韵拾贝

　　大海给了我们丰富的馈赠，餐桌上的海洋美味令人回味无穷，如诗如画的海洋美景令人流连忘返，便捷的海上交通更是缩短了人们的距离。6月8日是世界海洋日，也是全国海洋宣传日。保护海洋资源环境、促进海洋和谐发展需要全社会的广泛关注和共同参与。感恩大海，关爱海洋！让我们一起行动起来，共同建设富饶的蓝色粮仓，守护美丽的海洋家园！

# 我做护海小使者

## ⭐浪花朵朵

# 合浦珠

　　东汉时，合浦（位于广西壮族自治区南部）沿海盛产珠蚌。珠蚌里的珍珠不但可以用来装饰，还可以入药，并因色泽纯正、又圆又大而誉满海内外，人们称其为"合浦珠"。

由于采珠的收益很高，一些地方官为了捞到更多的油水，就违背珠蚌的生长规律，不管大小，一味地叫渔民去捕捞。结果，那些珠蚌都迁到了别的地方，在合浦能捕捞到

的珠蚌越来越少了。

因为合浦背山面海，当地老百姓们没有其他方法维持生计，而官府对于珍珠的需求又不能减少，一时间，渔民的收入大量减少，连买粮食的钱都没有了，不少人因此而饿死。

　　孟尝担任合浦太守后，看到这个情况，便去查找事情的原因，了解原委后下令废除不合理的法令，不准渔民滥捕乱采，保护珠蚌的生长。不到一年，珠蚌的生存环境得到了改善，重新繁衍起来，合浦又成了盛产珍珠的地方，当地老百姓也恢复了他们的本业，重新过上了安定的生活。

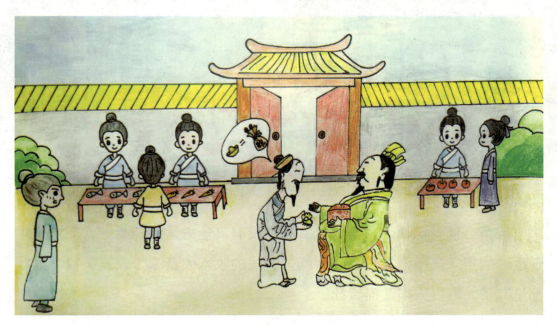

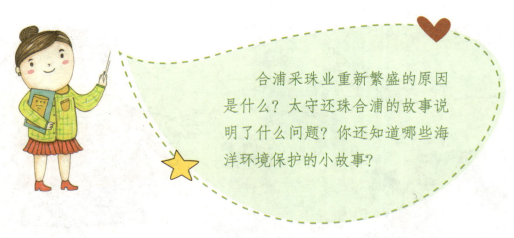

合浦采珠业重新繁盛的原因是什么？太守还珠合浦的故事说明了什么问题？你还知道哪些海洋环境保护的小故事？

# 一、海洋垃圾

同学们，大海美丽而富饶，人类却在利用海洋的过程中不注意保护海洋，不断地制造海洋垃圾。

海洋垃圾是指海洋和海岸边具有持久性的、人造的或经加工的固体废弃物。这些海洋垃圾一部分停留在海滩上，一部分漂浮在海面上或沉入海底。仅太平洋上的海洋垃圾面积就已达 300 多万平方千米，甚至超过了印度的国土面积。如果不采取措施，海洋将无法承受负荷，也必将会影响人类生存。海洋垃圾主要有海面漂浮垃圾、海滩垃圾、海底垃圾等。

海面漂浮垃圾主要为塑料袋、漂浮木块、浮标和塑料瓶等。

海滩垃圾主要有塑料袋、烟头、塑料泡沫快餐盒、渔网和玻璃瓶等。

海底垃圾主要有玻璃瓶、塑料袋、饮料罐和渔网等。

在所有的海洋垃圾中，塑料类垃圾的数量最大。其次是木制品类、金属类和玻璃类。

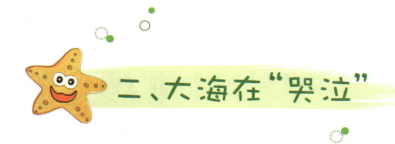

# 二、大海在"哭泣"

在沿海地区有不少石油化工、冶金、制药厂，它们排出的污水中往往含有较多的有毒重金属。一些沿海的火电厂还以燃煤为主，大量排出二氧化硫。每年从各种途径进入海洋的石油及石油制品达几百万吨。大规模的石油污染导致大量海洋生物因缺氧而死亡，对海洋环境的破坏力极大。

农药也是沿海污染的重要来源，有些农药毒性很强，它们经雨水的冲刷、河流及大气的搬运最终进入海洋，能抑制海藻的光合作用，使鱼类、贝类的繁殖力衰退，降低海洋生产力；还能通过鱼、贝类等海产品进入人体，危害人类健康。

沿海居民生活污水的排放也对海洋环境构成严重威胁。生活污水中含有大量有机物和营养盐，会引起海水中某些浮游植物急剧繁殖，大量消耗海水中的溶解氧。海水中氧气含量减少会使鱼类、贝类等生物大量死亡。

海洋中的塑料垃圾主要有三个来源：一是暴风雨把陆地上掩埋的塑料垃圾冲到大海里；二是海运业中的少数人员缺乏环境意识，将塑料垃圾倒入海中；第三就是各种海上事故，货船在海上遇到风暴，甲板上的集装箱掉到海里等，其中的塑料制品就会成为海上"流浪者"。

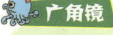

1. 过度捕捞使得很多海洋动物濒临灭绝。

2. 海洋石油及矿产开采造成很多海洋物种消失。石油泄漏后污染大片海域，使很多珊瑚大量死亡。

3. 生活污水、农药、金属和放射性物质的排放，对海洋生物造成严重危害。受污染的鱼、虾等海产品会威胁人类生命健康。

4. 向海洋倾倒垃圾，严重破坏了海滨旅游景区的环境质量。

5. 各种养殖厂的规模化及数量扩大，破坏了海洋生态平衡。

# 三、保护海洋，我们在行动

为了保护海洋生物，国家每年都设定了一定时间的休渔期，保证海洋中的鱼类等有充足的繁衍和生长时间。

我们还能做些什么呢？

到海边玩不乱丢垃圾。

让大人不要乱捕小鱼。

工厂不能往海里排放污水。

# 大海哭了

旭日东升，
大海换上了彩色的衣裳。
海鸥在唱歌，
海狮在舞蹈，
海豚在嬉戏，
鱼儿在快乐地捉迷藏……
太阳还是那轮太阳，
大海却失去了往日的模样。
海鸥在流泪，
海狮在叹气，
海豚在呜咽，
鱼儿闹着要搬家……
大海妈妈伤心地哭了，
因为人类的无知和伤害。
让我们行动起来，
还大海一份安宁！

## 我做护滩小使者

海风吹，海浪笑，
大海边上真热闹。
捡垃圾，做宣传，
少先队员来报到。
争做护滩小使者，
爱海护海乐融融。

## 保护海洋靠大家

蓝色海洋鱼儿的家，
人类生存要靠它。
不丢垃圾不破坏，
海洋环保靠大家。

海韵拾贝

　　美丽而又神秘的大海广阔无边，令人神往。她是生命的摇篮，是未来的希望，她拥有宽广的胸怀和无尽的宝藏。我们有责任去保护大海，让她不再受到伤害。赶快加入护海小使者的行列中吧，让海洋魅力永续，造福人类！愿我们每个人的心中常有一片大海！